Wer mag auf Nationen trauen,
Man habe noch so viel für sie getan,
Denn bei dem Volk, wie bei den Frauen,
Steht immerfort die Jugend obenan.
GENERAL

Gesetz ist mächtig, mächtiger ist die Not.
PLUTUS

Ein junger, muntrer Fürst mag seinen Tag vergeuden,
Die Jahre lehren ihn des Augenblicks Bedeuten.
KAISER

Doch es ziemet Königinnen, allen Menschen ziemt es wohl,
Sich zu fassen, zu ermannen, was auch drohend überrascht.
HELENA

Wer im Frieden
Wünschet sich Krieg zurück,
Der ist geschieden
Vom Hoffnungsglück.
CHOR

Schon wieder Krieg! Der Kluge hört's nicht gern.
FAUST

Doch ach! was hilft dem Menschengeist Verstand,
Dem Herzen Güte, Willigkeit der Hand,
Wenn's fieberhaft durchaus im Staate wütet
Und Übel sich in Übeln überbrütet?
KANZLER

Denn Schädlicheres begegnet nichts dem Herrscherherrn
als treuer Diener heimlich unterschworner Zwist.
HELENA

Nicht, was der Knecht sei, fragt der Herr, nur wie er dient.
HELENA

Wer's Recht hat und Geduld, für den kommt auch die Zeit.
ERZBISCHOF

Alt ist das Wort, doch bleibet hoch und wahr der Sinn,
Dass Scham und Schönheit nie zusammen, Hand in Hand,
Den Weg verfolgen über der Erde grünen Pfad.
PHORKYAS

Vom Staat.
Und den Mächtigen

Man hat Gewalt, so hat man Recht.
MEPHISTOPHELES

Den schönsten Boten, Unglücksbotschaft hässlicht ihn; …
FAUST

Den unschuldig Entgegnenden zu zerschmettern,
das ist so Tyrannenart, sich in Verlegenheiten Luft zu machen.
MEPHISTOPHELES

Die armen Weiber sind doch übel dran:
Ein Hagestolz ist schwerlich zu bekehren.
MARTHE

Denn immerfort sind vornenan die Frauen,
Wo's was zu gaffen, was zu naschen gibt.
GEIZ

Ein altes Wort bewährt sich leider auch an mir:
Dass Glück und Schönheit dauerhaft sich nicht vereint.
HELENA

Über Rosen lässt sich dichten,
In die Äpfel muss man beißen.
GÄRTNER

Besonders lernt die Weiber führen!
Es ist ihr ewig Weh und Ach
So tausendfach,
Aus *einem* Punkte zu kurieren,
Und wenn Ihr halbwegs ehrbar tut,
Dann habt Ihr sie all unterm Hut.
MEPHISTOPHELES

Nur der verdient die Gunst der Frauen,
Der kräftigst sie zu schützen weiß.
FAUST

Die Mädels sind doch sehr interessiert,
Ob einer fromm und schlicht nach altem Brauch.
Sie denken: Duckt er da, folgt er uns eben auch.
MEPHISTOPHELES

Ich merke schon, sie nimmt ihn in die Lehre;
In solchem Fall sind alle Männer dumm:
Er glaubt wohl auch, dass er der Erste wäre.
DAME

Denn das Naturell der Frauen
Ist so nah mit Kunst verwandt.

GÄRTNERINNEN

In raschen Jahren geht's wohl an,
So um und um frei durch die Welt zu streifen;
Doch kömmt die böse Zeit heran,
Und sich als Hagestolz allein zum Grab zu schleifen,
Das hat noch keinem wohlgetan.

MARTHE

Wie hässlich neben Schönheit zeigt sich Hässlichkeit.

CHORFÜHRERIN

Das Sprichwort sagt: Ein eigner Herd,
Ein braves Weib sind Gold und Perlen wert.

MEPHISTOPHELES

Fraun, gewöhnt an Männerliebe,
Wählerinnen sind sie nicht,
Aber Kennerinnen.

CHOR

Von Frauen.
Und Männern

So ein verliebter Tor verpufft
Euch Sonne, Mond und alle Sterne
Zum Zeitvertreib dem Liebchen in die Luft.
<small>MEPHISTOPHELES</small>

Frauenschönheit will nichts heißen,
Ist gar zu oft ein starres Bild;
Nur solch ein Wesen kann ich preisen,
Das froh und lebenslustig quillt.
<small>CHIRON</small>

Von der Kunst

Ach Gott! die Kunst ist lang,
Und kurz ist unser Leben.
WAGNER

Die Masse könnt Ihr nur durch Masse zwingen,
Ein jeder sucht sich endlich selbst was aus.
Wer vieles bringt, wird manchem etwas bringen,
Und jeder geht zufrieden aus dem Haus.
DIREKTOR

Am farbigen Abglanz haben wir das Leben.
FAUST

Die Zeit ist kurz, die Kunst ist lang.
MEPHISTOPHELES

Der Rost macht erst die Münze wert.
THALES

Freud' muss Leid, Leid muss Freude haben.
MEPHISTOPHELES

Anmaßlich find ich, dass zur schlechtsten Frist
Man etwas sein will, wo man nichts mehr ist.
BACCALAUREUS

Ein guter Rat ist auch nicht zu verschmähn.
HOMUNCULUS

Die schlechteste Gesellschaft lässt dich fühlen,
Dass du ein Mensch mit Menschen bist.
MEPHISTOPHELES

Blut ist ein ganz besondrer Saft.
MEPHISTOPHELES

Mit Kleinen tut man kleine Taten,
Mit Großen wird der Kleine groß.
THALES

Am Abend schätzt man erst das Haus.
WAGNER

Der Mensch ist ungleich, ungleich sind die Stunden.
MEGÄRA

Denn wenn es keine Hexen gäbe,
Wer Teufel möchte Teufel sein!
MEPHISTOPHELES

Wie scharf der Trompete Schmettern Ohr und Eingeweid'
Zerreißend anfasst, also krallt sich Eifersucht
Im Busen fest des Mannes, der das nie vergisst,
Was einst er besaß und nun verlor, nicht mehr besitzt.
PHORKYAS

Denn um neuen Most zu bergen,
leert man rasch den alten Schlauch!
CHOR

Denn es muss von Herzen gehen,
Was auf Herzen wirken soll.
PHORKYAS

Dem Hunde, wenn er gut gezogen,
Wird selbst ein weiser Mann gewogen.
WAGNER

Wie sich Verdienst und Glück verketten,
Das fällt den Toren niemals ein,
Wenn sie den Stein der Weisen hätten,
Der Weise mangelte dem Stein.
MEPHISTOPHELES

Ach, dass die Einfalt, dass die Unschuld nie
Sich selbst und ihren heil'gen Wert erkennt!
FAUST

Freiherzige Wohltat wuchert reich ...
FAUST

Schönheit bändigt allen Zorn.
TURMWÄCHTER LYNKEUS

Denn wo Gespenster Platz genommen,
Ist auch der Philosoph willkommen.
Damit man seiner Kunst und Gunst sich freue,
Erschafft er gleich ein Dutzend neue.

MEPHISTOPHELES

Die Kraft ist schwach, allein die Lust ist groß.

MEPHISTOPHELES

Nicht nur Verdienst, auch Treue wahrt uns die Person.

PANTHALIS

Beglückt, wer Treue rein im Busen trägt,
Kein Opfer wird ihn je gereuen!

FAUST

Denn wirkten Grobe
Nicht auch im Lande,
Wie kämen Feine
Für sich zustande,
So sehr sie witzten?

HOLZHAUER

Gutes und Böses kommt
Unerwartet dem Menschen;
Auch verkündet, glauben wir's nicht.
Chor

Man denkt an das, was man verließ;
Was man gewohnt war, bleibt ein Paradies.
Mephistopheles

Der kleine Gott der Welt bleibt stets von gleichem Schlag
Und ist so wunderlich als wie am ersten Tag.
Mephistopheles

Denn der Bösartige, wohltätig erscheinend,
Wolfesgrimm unter schafwolligem Vlies,
Mir ist er weit schrecklicher als des drei-
köpfigen Hundes Rachen.
Chor

Ein Gott den andern Gott
Macht wohl zu Spott.
Sirenen

Nach Golde drängt,
Am Golde hängt
Doch alles. Ach, wir Armen!
MARGARETE

Nur der ist froh, der geben mag.
BETTLER

Setz dir Perücken auf von Millionen Locken,
Setz deinen Fuß auf ellenhohe Socken,
Du bleibst doch immer, was du bist.
MEPHISTOPHELES

Unteilbar ist die Schönheit; der sie ganz besaß,
Zerstört sie lieber, fluchend jedem Teilbesitz.
PHORKYAS

Allein der Vortrag macht des Redners Glück ...
WAGNER

Wer kennt den Schelm in tiefer Nacht genau?
Schwarz sind die Kühe, so die Katzen grau.
KAISER

Wer zerreißt aus eigner Kraft
Der Gelüste Ketten?
Wen betört nicht Blick und Gruß,
Schmeichelhafter Odem?
DOKTOR MARIANUS

Wer fertig ist, dem ist nichts recht zu machen,
Ein Werdender wird immer dankbar sein.
LUSTIGE PERSON

Was Rat! Hat Rat bei Menschen je gegolten?
Ein kluges Wort erstarrt im harten Ohr.
So oft auch Tat sich grimmig selbst gescholten,
Bleibt doch das Volk selbstwillig wie zuvor.
NEREUS

Sich selbst erhalten bleibt der Selbstsucht Lehre,
Nicht Dankbarkeit und Neigung, Pflicht und Ehre.
Bedenkt ihr nicht, wenn eure Rechnung voll,
Dass Nachbars Hausbrand euch verzehren soll?
KAISER

... 's ist auch wohl fein,
Ein wackrer Mann zu seiner Zeit zu sein.
THALES

Alt wird man wohl, wer aber klug?
MEPHISTOPHELES

Denn jeder, der sein innres Selbst
Nicht zu regieren weiß, regierte gar zu gern
Des Nachbars Willen, eignem stolzem Sinn gemäß.
ERICHTHO

Sobald du dir vertraust, sobald weißt du zu leben.
MEPHISTOPHELES

Wer recht behalten will und hat nur eine Zunge,
Behält's gewiss.
FAUST

Das Schaudern ist der Menschheit bestes Teil;
Wie auch die Welt ihm das Gefühl verteure;
Ergriffen fühlt er tief das Ungeheure.
FAUST

Vom Menschen

D en lieb' ich, der Unmögliches begehrt.
MANTO

W er Gutes will, der sei erst gut,
Wer Freude will, besänftige sein Blut,
Wer Wein verlangt, der keltre reife Trauben,
Wer Wunder hofft, der stärke seinen Glauben!
ASTROLOG

D em Klugen, Weitumsichtigen zeigt fürwahr sich oft
Unmögliches noch als möglich.
HELENA

Ausgewählt von Wolfgang Mahlow

Johann Wolfgang von Goethe

Es irrt der Mensch, solang er strebt

Lebensweisheiten aus dem Faust

Illustriert von Jutta Mirtschin

Steffen Verlag

Johann Wolfgang von Goethe
Es irrt der Mensch, solang er strebt

Selbst ist der Mann! Wer Thron und Kron' begehrt,
Persönlich sei er solcher Ehren wert.
KAISER

So sind am härtsten wir gequält:
Im Reichtum fühlend, was uns fehlt!
FAUST

Es bleibt doch endlich nach wie vor
Mit ihren hunderttausend Possen
Die Welt ein einziger großer Tor.
HEROLD

Vom Erkennen der Welt

Die Menschen sind im ganzen Leben blind, ...
SORGE

Es irrt der Mensch, solang er strebt.
DER HERR

Gewöhnlich glaubt der Mensch, wenn er nur Worte hört,
Es müsse sich dabei doch auch was denken lassen.
MEPHISTOPHELES

O glücklich, wer noch hoffen kann
Aus diesem Meer des Irrtums aufzutauchen!
Was man nicht weiß, das eben brauchte man,
Und was man weiß, kann man nicht brauchen.
FAUST

Grau, teurer Freund, ist alle Theorie,
Und grün des Lebens goldner Baum.
MEPHISTOPHELES

Wer kann was Dummes, wer was Kluges denken,
Das nicht die Vorwelt schon gedacht!
MEPHISTOPHELES

Mit Worten lässt sich trefflich streiten,
Mit Worten ein System bereiten,
An Worte lässt sich trefflich glauben,
Von einem Wort lässt sich kein Jota rauben.
MEPHISTOPHELES

Wenn ihr's nicht fühlt, ihr werdet's nicht erjagen; ...
FAUST

Denn ein vollkommner Widerspruch
Bleibt gleich geheimnisvoll für Kluge wie für Toren.
MEPHISTOPHELES

Ein jeder lernt nur, was er lernen kann; ...
MEPHISTOPHELES

Ich sag' es dir: Ein Kerl, der spekuliert,
Ist wie ein Tier, auf dürrer Heide
Von einem bösen Geist im Kreis herumgeführt,
Und ringsumher liegt schöne grüne Weide.
MEPHISTOPHELES

Wer lange lebt, hat viel erfahren,
Nichts Neues kann für ihn auf dieser Welt gescheh'n.
MEPHISTOPHELES

Wir sind gewohnt, dass die Menschen verhöhnen,
Was sie nicht verstehn,
Dass sie vor dem Guten und Schönen,
Das ihnen oft beschwerlich ist, murren; ...
FAUST

Auch ein gelehrter Mann
Studiert so fort, weil er nicht anders kann.
MEPHISTOPHELES

Was glänzt, ist für den Augenblick geboren.
Das Echte bleibt der Nachwelt unverloren.
DICHTER

Denn, was man schwarz auf weiß besitzt,
Kann man getrost nach Hause tragen.
SCHÜLER

Die Botschaft hör' ich wohl, allein mir fehlt der Glaube;
Das Wunder ist des Glaubens liebstes Kind.
FAUST

Mein Freund, die Zeiten der Vergangenheit
Sind uns ein Buch mit sieben Siegeln.
Was ihr den Geist der Zeiten heißt,
Das ist im Grund der Herren eigner Geist
In dem die Zeiten sich bespiegeln.
FAUST

Ein guter Mensch in seinem dunklen Drange
Ist sich des rechten Weges wohl bewusst.
DER HERR

Wenn man der Jugend reine Wahrheit sagt,
Die gelben Schnäbeln keineswegs behagt,
Sie aber hinterdrein nach Jahren
Das alles derb an eigner Haut erfahren,
Dann dünkeln sie, es käm' aus eig'nem Schopf;
Da heißt es denn: Der Meister war ein Tropf.
MEPHISTOPHELES

Vom Tätigsein

Der Worte sind genug gewechselt,
Lasst mich auch endlich Taten sehn!
Direktor

Ein Mann, der recht zu wirken denkt,
Muss auf das beste Werkzeug halten.
Direktor

Wer befehlen soll,
Muss im Befehlen Seligkeit empfinden; ...
Faust

Dem Tüchtigen ist diese Welt nicht stumm.
Was braucht er in die Ewigkeit zu schweifen!
Was er erkennt, lässt sich ergreifen. (...)
Wenn Geister spuken, geh er seinen Gang,
Im Weiterschreiten find' er Qual und Glück, ...
Faust

Säume nicht, dich zu erdreisten,
Wenn die Menge zaudernd schweift;
Alles kann der Edle leisten,
Der versteht und rasch ergreift.
CHOR

Des Menschen Tätigkeit kann allzu leicht erschlaffen,
Er liebt sich bald die unbedingte Ruh; ...
DER HERR

Was du ererbt von deinen Vätern hast,
Erwirb es, um es zu besitzen!
Was man nicht nützt, ist eine schwere Last;
Nur was der Augenblick erschafft, das kann er nützen.
FAUST

Da mag denn Schmerz und Genuss,
Gelingen und Verdruss
Miteinander wechseln, wie es kann:
Nur rastlos betätigt sich der Mann.
FAUST

Wer immer strebend sich bemüht,
Den können wir erlösen.
ENGEL

Die Tat ist alles, nichts der Ruhm.
FAUST

Was heute nicht geschieht, ist morgen nicht getan,
Und keinen Tag soll man verpassen; ...
DIREKTOR

Ach! unsre Taten selbst, so gut als unsre Leiden,
Sie hemmen unsres Lebens Gang.
FAUST

Gebraucht der Zeit, sie geht so schnell von hinnen!
Doch Ordnung lehrt Euch Zeit gewinnen.
MEPHISTOPHELES

Mit rechten Leuten wird man was.
CI-DEVANT, GENIUS DER ZEIT

Jutta Mirtschin

1949 in Chemnitz geboren, lebt und arbeitet in Berlin
1968 Abendakademie, Hochschule für Grafik und Buchkunst Leipzig
1969 bis 1976 Studium, Aspirantur an der Kunsthochschule Berlin-Weißensee
1982 bis 1985 Meisterschülerin an der Akademie der Künste Berlin
1997 bis 2003 Lehraufträge an den Design Schulen Anklam und Schwerin

Seit 1974 arbeitet Jutta Mirtschin als Malerin,
stattet Stücke fürs Theater aus und gestaltet Theaterplakate.
Ihre besondere Liebe aber gilt der Illustration. Mit zauberhaft hintersinnigen
Illustrationen gestaltet sie Bücher für Kinder und Erwachsene,
die in zahlreichen Verlagen erscheinen.

In Sammlungen Akademie der Künste Berlin.
Staatsbibliothek zu Berlin, Stiftung Preußischer Kulturbesitz.
Staatliches Museum Schwerin, Kunstsammlungen, Schlösser und Gärten.
Staatliche Museen zu Berlin, Stiftung Preußischer Kulturbesitz, Kunstbibliothek.
Staatliche Kunstsammlungen Dresden, Puppentheatersammlung.
Brandenburgische Kulturstiftung Cottbus, Kunstmuseum dkw.
Sorbisches Museum Bautzen, Kunstsammlung.
Slowakische Nationalgalerie Bratislava.

Johann Wolfgang von Goethe

1749 in Frankfurt (Main) geboren
1765 bis 1768 Studium der Rechte in Leipzig, 1770 in Straßburg beendet,
hier Bekanntschaft mit Herder
zu Beginn der 1770er Jahre Arbeit am «Urfaust»
«Die Leiden des jungen Werthers» (1774) und «Götz von Berlichingen» (1774)
machen ihn zur Symbolfigur des Sturm und Drang.

Seit 1775 auf Einladung des Erbprinzen Carl August
am Hof von Sachsen-Weimar-Eisenach

1788 Vollendung von «Faust. Ein Fragment», gedruckt 1790
1794 Beginn der Freundschaft mit Friedrich Schiller
1806 Abschluss von «Faust I», Uraufführung 1829
1831 Abschluss von «Faust II», veröffentlicht 1832 nach seinem Tod

1832 im Haus am Frauenplan in Weimar gestorben

«Die Deutschen sind übrigens wunderliche Leute! (–)
Da kommen sie und fragen, welche Idee ich in meinem ‹Faust› zu verkörpern gesucht.
Als ob ich das selber wüsste und aussprechen könnte!»
Goethe im Gespräch mit Eckermann, 6. Mai 1827

Weitere Bände dieser Reihe

Illustriert von Harald Larisch

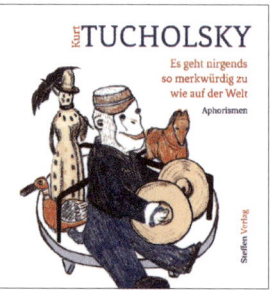

Illustriert von Petra Schuppenhauer

Illustriert von Otto Sander Tischbein

Illustriert von Jutta Mirtschin

Illustriert von Jutta Mirtschin

Jeweils 60 Seiten, Festeinband, 14 x 14 cm, durchgehend illustriert

Illustriert von Harald Larisch   *Illustriert von Jutta Mirtschin*   *Illustriert von Joe Villion*

Illustriert von Jutta Mirtschin   *Illustriert von Jutta Mirtschin*

Impressum

1. Auflage 2019

Steffen Verlag GmbH
Berliner Allee 38 / 13088 Berlin
Telefon 030. 41 93 50 14
www.steffen-verlag.de / info@steffen-verlag.de

Illustrationen / Jutta Mirtschin, Berlin
Layout und Kolorierung / Uwe Häntsch, Berlin

Herstellung / Steffen Media, Friedland, Berlin, Usedom
www.steffen-media.de

ISBN 978-3-95799-079-2

Editorische Notiz: Der Text wurde der neuen
deutschen Rechtschreibung angepasst.

Die Deutsche Nationalbibliothek verzeichnet
diese Publikation in der Deutschen Nationalbibliografie
– detaillierte bibliografische Daten sind im Internet abrufbar
unter http://dnb.d-nb.de